One Drop of Blood,
Russian Blood

One Drop of Blood, Russian Blood

POETRY

Jean Prowattain Frantz

RUSSIAN TRANSLATIONS

Naira Oganessova

ILLUSTRATIONS

harry goff

FRONTISPIECE

Lynda Kay Benshoof Frantz

Academy Books

Rutland, Vermont

© 1991

Library of Congress Catalog Number 91-075960
ISBN 0-914960-96-2

Printed in the United States of America
on acid-free paper

Publisher
Academy Books
Rutland, Vermont

CONTENTS

Matreshka Dolls . . . . *Frontispiece*

Acknowledgements vi

One Drop Of Blood, Russian Blood 9

Mother, Remember? 13

Insights 57

Firefly Trilogy 59

Along The Ohanapecosh 63

Grove Of The Patriarchs 65

Three Tree Point 69

Herons, Husbands and Bad Habits 73

Black Beach Crow Versus Glaucous-Winged Gull . . 75

One World 77

Rock Patrol On Indiana Farm 79

Jokulhlaups 81

Fairbanks Fireweed 83

Winter Watch 85

Woman, Are You Made of Glass? 87

Chocolate Cupcake 89

Stanley 89

Halley's Comet 89

Mementos 91

When A Toddler You Dressed As A Fairy Queen . . 93

Whale And Goose 95

Glaciers and Violets 95

ACKNOWLEDGEMENTS

In celebration of
family heritage and tradition
and dedicated to
the enduring strength and power of family values.

Special thanks
to my husband, Walt,
to the Sharp Brothers at Academy Books,
to my professional associates for their critiques,
to my enthusiastic friends and family members
for their help in selecting poems for this book
and
to my exceptional translator, illustrator and jacket designer.
I am in grateful awe of the generosity
and constructive value of that support.

КАПЛЯ КРОВИ, РУССКОЙ КРОВИ

Ей было 92. Мне было 20.
Никогда не была она из тех бабушек,
Что пекут пироги,
Играют в крокет или придумывают разные забавы,
Я не знала восторгов совместных с ней игр,
Детских побед.
Вдовство было её царством.
Слово её должно было быть законом для всех,
Но я боготворила её,
Как подданный - царицу.

Она сидела на крыльце, залитом солнцем,
С раскрытой французской Библией на коленях, -
- последний иностранный язык
выученный в период Гражданской войны.
Муаровое платье , когда-то элегантное,
Облегало её хрупкую, прямую фигуру.

Я стояла на коленях у её ног.
Костлявые сильные руки в голубых прожилках вен
Потянулись,
Схватили мою,
Притянули к себе для серьёзного разговора:
- Нет сыновей, что могли бы продолжить род
И тем самым обеспечить её бессмертие.

«Ты последняя плодоносящая почка
На нашем фамильном древе.
Ветви его
Придадут мечтам твоим - мужество,
Сделают мудрым выбор твоих путей
И крылья - достаточно сильными для полёта.»

ONE DROP OF BLOOD, RUSSIAN BLOOD

She was 92. I was 20.
Never a grandmother who baked cookies,
Played croquet or drawing room games,
No childhood delight
In sometimes beating her at play.
Widowhood was her court.
She came first. But I adored her
As a subject worships the czarina.

She sat in the sun porch,
An open French Bible on her lap,
A finishing school discipline
Learned during the Civil War.
Moiré taffeta, once elegant,
Cocooned her slight, erect body.

I knelt at her feet.
Blue veined hands, bony yet strong,
Reached for mine, grasped tight,
Pulled me closer for a serious talk.
No male heirs to continue family name
And assure her immortality.

"You are the last fertile bud
On our Russian family tree.
Branches give courage
To dream your dreams,
Wisdom to chart your course,
And strong wings to fly."

Нахмурившись, медленно:
«Это - дар Божий тебе.
А уж что ты со всем этим сделаешь,
Будет
       Твоим даром Богу.»

«И ещё одно, - милая Дженни, -
Всего одна капля крови в тебе,
Русской крови,
Но она заставит тебя писать стихи.»

Острым ногтем постучав меня по носу,
Для внушительности:
«Не забудь!»
Потом, поцеловав мою руку,
Она меня отпустила.

Тем летом
Джозефина Проваттан,
Моя бабушка,
И наследница Ивана Проваттан,
В восемьсот первом году
Приплывшего в Америку из России,
Моя бабушка
Тем летом
       Умерла.

Прошло всего полвека
И вот они, стихи.

Джин Проваттан Франц

Her eyebrows raised,
Her speech slowed.
"These are God's gift to you.
What you become
Is your gift to God."

"Another thing, Jeanie Dearest,
One drop of blood, Russian blood,
And you *shall* write poetry."

Her pointed finger
Tapped my nose for emphasis.
"Never forget."
She kissed my hand.
I was dismissed.

Grandmother Josephine Prowattain,
Heiress of Ivan Provataen who sailed
From Russia to the United States in 1801,
Died that summer.

Here are those poems
Many years later.

Jean Prowattain Frantz

11

МАМА, ПОМНИШЬ?

Мама,
Пока ты терпеливо ждёшь
У россыпи стою воспоминаний,
Чтоб показать
Твой след, твоё бессмертие.
Жизнь, длиною в век, -
Букет воспоминаний.
Цветы так скромны сами по себе,
Но вместе
Говорят о многом
Тем, кто идёт вослед...
Любимые друзья,
Все 26 наследников твоих
Плюс те, кто очереди ждёт родиться.

MOTHER, REMEMBER?

Mother,
While you wait and wonder,
A few remembrances
To reassure you
Of your mark and immortality,
Assorted recollections
From your century-long life,
Each of modest dimension
But taken together
Of profound value
To those who follow
In your footsteps...
Many dear friends,
Plus twenty-six on your branch
And more to come.

Мама, помнишь,
Ты любила лазить на деревья,
Покрытые листьями в белых прожилках
И с бархатными спинками.
Ты спасалась от надоевших обязанностей
На огромном дереве во дворе,-
Твоём сказочном мире.
Дерево. *Populus alba.*

Ты привыкла к окликам
И не обращала внимания на :
«Сара, спускайся. Займись младшей сестрой!»
Или: «Ты пропустишь обед.»

На твоих детских плечах была забота
О болезненной художнице матери,
О двух крошках-сёстрах, умерших в младенчестве,
О младшем брате и сестре.
Двоюродный брат, потерявший ногу,
Тоже входил в число твоих обязанностей.
Так ты жила
Пока работа в Филадельфийском банке
Не освободила тебя.

Mother, remember?
You loved climbing trees
Through white veined leaves
Scalloped with velvet backs
To escape
Too many childhood chores.
Your make-believe world,
An enormous backyard tree,
Populus alba.

Your ears were desensitized to
"Sarah, come down. Take care
Of your little sister.
You'll miss your dinner."

In your child-time care were
An ailing, artist mother,
Two sisters who died as infants,
A younger brother and sister,
A young cousin who lost his leg,
'Til the job as bookkeeper
At a Philadelphia bank
    Released
Irrepressible you.

Папа вошёл в твою жизнь
В вальсах и танцах субботних балов,
Хитроумно придуманных
Тобою и тётей Флоренс.
Предвкушения встречи с тобой
Скрашивали папе длинную дорогу.
Он всегда приводил с собой друзей,
Обеспечивая кавалеров девушкам.

Мебель из гостиной и столовой
Выносилась на балкон,
Паркет заново полировался,
Разноцветные бумажные фонарики
Протягивались по всей длине
Виноградных арок.
Шоколадный торт и домашнее мороженое
Подавались в саду
Среди множества светлячков.

С тонких девичьих ручек и талий
Свешивались программки,
Полностью расписанные,
Если девушка пользовалась успехом.

Daddy waltzed and ragged into your life
At gala Saturday night dances
Craftily promoted by you and Aunt Florence
To make Daddy's hour-long
Trolley-ferry-train triathlon
Of little consequence.
Daddy brought his buddies,
Assuring dance partners for the ladies.

Parlor and dining room furniture
Was moved outdoors on the porch,
Oak floors were waxed and polished.
Lighted lanterns of colored paper

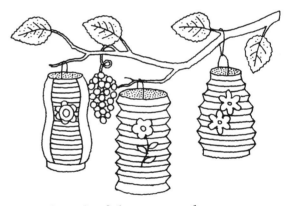

Were strung the length of the grape arbor.
Chocolate cake
And hand-cranked ice cream
Were served
Among the lightning bugs.

Young ladies dangled printed
Dance programs
From pale wrists or cinched waists.

Недостатка в юношах, согласных крутить
Ручку фонографа, не было.
Шёл 1919-ый. Война за мир в мире
Кончилась.

Ты и папа и после свадьбы остались верны
Своей страсти танцевать.
Чарльстон, румба, венский вальс
Заполнили весёлые двадцатые,
Выдержали великую депрессию тридцатых
И войну сороковых.
А в мирные пятидесятые
Вы даже умудрились выиграть приз -
Серебряный поднос.

Мама, из обносков, обрезков
Ты кроила и шила мне
Длинные, до пола, платья
Для моих уроков бальных танцев
С настоящим оркестром.
Мечты о прекрасно (как папа) танцующем муже
Осуществились.
Сшитое тобой вручную атласное
Свадебное платье
Было твоим подарком мне.

Ten different partners, if popular,
Filled an evening of ten dance sets.
Once again, there were plenty of
Young men to wind the phonograph.
It was 1919. The War-To-End-War
Had ground to a victory.

Married, you and Daddy
Continued to dance
The Black Bottom, Charleston,
Viennese Waltz, Rumba
Through the Roaring 20's,
The Depression 30's,
The Wartime 40's,
Even winning a silver tray
In the Cold War 50's.

Mother, you created floor-length gowns
From hand-me-downs
For my big-band ballroom classes.
My fantasies of marrying
A dancer like Daddy came true.
A Duchess satin wedding dress
Was your handmade gift for me.

Папа ухаживал за тобой,
Катая тебя на каноэ «Сафари»
По рекам Шилкил и Делавар.
Виктрола, зонтик, корзинка с едой
И папин знаменитый шоколадный пудинг
Были обязательными атрибутами лодки.
На деньги, собранные за год без завтраков,
Папа купил тебе кольцо с бриллиантом.

Каноэ стало традицией.
Уолт сделал мне предложение звёздной ночью
В старом каноэ на реке Ранкокас в Нью - Джерси.

В каноэ, окружённом крошевом льда,
Твой внук Джим надел кольцо Линде на палец.
А Лэрри,
Привязав для надёжности кольцо к банке каноэ, -
- Перевернувшись, каноэ не тонет, -
Преодолел все пять миль залива
И в прибрежном, не по карману дорогом ресторане
Удивил Мириам обручальным бриллиантом.
Шери, Синди и Пэт
Могут рассказать не менее памятные истории.

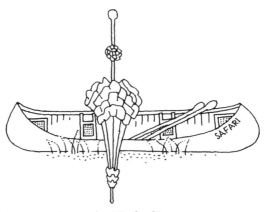

Daddy courted you in "Safari"
On Schuylkill and Delaware Rivers.
His canoe was outfitted with Victrola,
Parasol, picnic hamper
And his famous chocolate fudge.
To save money to purchase
Your diamond engagement ring,
He skipped lunches for a year.

The "Safari" tradition continues.
Walt courted me by starlight
In an Old Town canoe
On New Jersey's Rancocas River.

In a canoe surrounded with a skim
Of Lake Washington ice, grandson Jim
Slipped a ring on Lynda's finger.
Not to be outdone, Larry paddled five miles
Across Puget Sound, ring secured to thwart.
In case of capsizing, canoe will float.
At an unaffordable, waterfront restaurant,
He surprised Miriam with her diamond.
Cheri, Cindy and Pat tell wild, courtship tales
About Tuolumne, Yukon and Mendenhall Rivers.

Любовь к каноэ перешла по наследству
К твоим пятерым неуёмным внукам.
Они переворачивались, прыгали и удили с каноэ,
Ныряли и пробовали различные виды гребков
В обрамлённых полынью оврагах озера Сан,
В восточной части штата Вашингтон.

Мама, мечтали ль вы с папой, что когда-нибудь
Ваши внуки на каноэ или на байдарке
Будут лететь по береговой волне Тихого океана
Близ индейской резервации?

Или, перехитрив прибой, приспособившись
За большими баржами,
Совершать на каноэ полный круг
Вокруг островов Сан Хуан,
И носиться по бурным Вашингтонским рекам
С индейскими названиями?

Нынче рядом с вигвамами всех ваших правнуков
Можно найти множество разных каноэ.

The canoeing tradition carried over to
Five rambunctious grandsons,
Jim, Larry, Ken, Marty, and Wally.
They C and J-stroked, turtled,
Eskimo-rolled, and fished from canoe
In Sun Lakes' sagebrush-lined coulees
In Eastern Washington State.

Mother, did you and Daddy ever dream
Your grandsons in canoe or kayak
Would surf Pacific Ocean breakers
At the Quinault Indian Reservation?

Or buck adverse tides by hitching rides
Behind Puget Sound commercial barges,
Circumnavigate the San Juan Islands,
Run Washington's wild rivers--Skykomish,
Stillaguamish, Cedar, Cle Elum,
American, Sauk, Skagit, Wenatchee,
Snoqualmie Middle Fork?

Canoes of many types
Are found today
Outside longhouses
Of every great-grandchild.

Ты и папа вырастили сорванца.
Вся в тебя, я, невзирая на запрет
Взбиралась, как Тарзан, на верхушку
Старого узловатого платана
В Нью-Джерси.
Назло большим мальчишкам,
Подстёгнутая ими,
Я лезла на самый верх,
Вглядывалась в даль,
Изучала новый висячий мост над рекой Делавар,
Соединивший Филадельфию с Кэмденом.

Ты всегда узнавала о моих проказах...

Однажды
Торговец овощами
Меня принёс домой без сознания

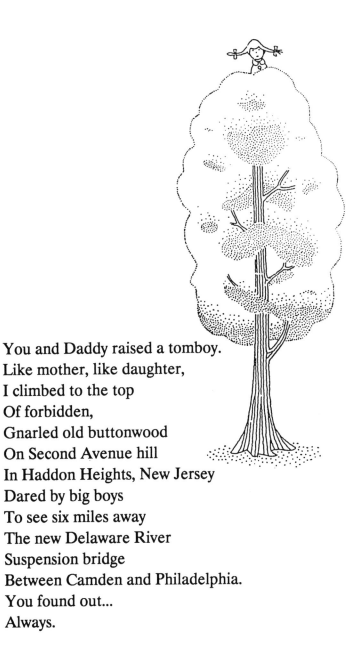

You and Daddy raised a tomboy.
Like mother, like daughter,
I climbed to the top
Of forbidden,
Gnarled old buttonwood
On Second Avenue hill
In Haddon Heights, New Jersey
Dared by big boys
To see six miles away
The new Delaware River
Suspension bridge
Between Camden and Philadelphia.
You found out...
Always.

The vegetable man
Carried me home unconscious
Draped over outstretched arms.

Ветка сикамора сломалась,
Обрушила Тарзана вниз
И оглушила.

Увидев меня, безвольно свисавшую с его рук,
Ты потеряла голову.
Всё обошлось. Я была цела и невредима.
Ты очень на меня рассердилась.
Я знала, что в душе ты меня понимаешь,
Тем не менее, плётка,
Висевшая за кухонной дверью,
Опять обрушилась на мою спину.

Твои внуки обезьянками карабкаются
По резиновым стволам молодых деревцев.
Ствол гнётся, гнётся, и, согнувшись в лук,
Сбрасывает шалунов обратно на землю.

Играли ль наши предки
Средь берёз?

The sycamore branch had broken,
Dropping and pinning
Tarzan's mate to the ground.
You panicked.
Tarzan's Jane was merely stunned.
You scolded.
Your only child knew you understood,
However, again, down came
The willow whip
    Hanging
Behind the kitchen door.

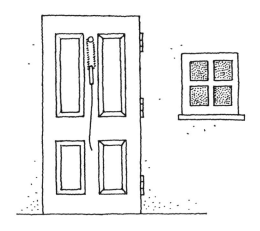

Your grandsons shinnied up
Rubbery saplings ten to fifteen feet
'Til limber trunks bent over
Arching climbers back to earth.

Did forebears
Play in birches?

Помнишь,
В подвале дома мы делали пиво
Всем сердцем надеясь, что пробки не полетят
Потом, еле выждав положенный месяц,
Смаковали любимый напиток,
Добавь к нему десерт - домашнее мороженое,
Самое любимое лакомство.

С бабушкой мы варили варенье,
С дедушкой - играли в крокет,
Мастерили воздушных змеев из газет и палочек.
Мы вырезали бумажных кукол в разных нарядах,
Играли в классы, прятки, салочки ...
Придумывали разные игры, истории, фокусы.

Ты, старшая из пятерых детей
Подарила мне беззаботное детство,
Которого сама была лишена.

А сегодня твои внуки и правнуки
Самозабвенно играют в салочки и крокет
И мастерят воздушных змеев.

We brewed root beer in the basement,
Crossed fingers bottle caps would hold,
Learned to wait a month for fermentation
To flavor favorite drink.
Added vanilla ice cream, homemade,
For a special soda treat.

We boiled quince jelly with your Mother,
Played poison-croquet with your Dad,
Constructed kites from sticks and newspaper,
Designed and dressed flat paper dolls,
Played jacks, stamps, pick-up-stix,
Old maid, hopscotch, hide-and-seek.
We invented games...stories...magic.

You, the eldest of five,
Gave me the carefree childhood
You had been denied.

Hide-and-seek, croquet and kites
Are favorites of your
Grandchildren and great-grandchildren.

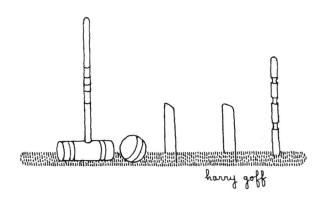

harry goff

Мама, помнишь, чтобы украсить дом к Рождеству,
Мы собирали остролист
В бурых кедровых болотах возле Тернерсвилля?
Одна из нас всегда проваливалась в воду
- Самые яркие ягодные ветки
Росли над ручьём,

В День Благодарения
Твои внуки с семьями
Покупают разрешение
На сруб снежных рождественских ёлочек
На склонах горы Рейнир.
В память о них остаются
Следы на снегу,
Семейство потешных снеговиков
И крошки хлеба для птиц.

Mother, remember gathering holly
For Christmas decorations
In brown stained, cedar swamps
Near Turnersville?
One of us always fell in.
The reddest, berried branches
Hung over the creek.

At Thanksgiving time
Your grandsons and their families
Purchase Forest Service permits
To cut snow-covered alpine firs
For Christmas trees
On the flanks of Mount Rainier.
They leave behind
A family of comical snowmen,
Angel imprints in the snow
And picnic crumbs for birds.

А помнишь наши автомобильные вылазки
По воскресеньям, после церкви?
Джерри скулил, умоляя взять его с собой.

С приближеньем зимы в машине было всё холоднее,
Дрожа на заднем сиденье,
Мы ехали обратно домой
С кучей пахучих цветных листьев
И промокшей насквозь собакой.

Я вытирала полотенцем
Джеррину пахнущую кедровой тиной шкуру,
А он прижимался ко мне крепким, горячим телом,
Довольно урча и жмурясь.

У меня были кошки, собака и кролик.
Скромный набор по сравнению со зверушками
Твоих потомков сегодня.
Из их домашних питомцев
Можно набрать целый зоопарк:
Это и собаки, и лошади, и попугаи,
И грызуны, и змеи, и аллигатор, и черепаха,
И рыбы с цыплятами, - неполный список.

Remember Sundays, after church,
The automobile outings?
Jerry begged with barks to go.

We shivered as winter approached.
No heat in the back seat,
Little in front
As we drove home in the Graham Paige
With cedar, holly or colored leaves
And our drenched dog.

I towelled Jerry's fur,
Wet and smelling of the cedar swamp.
His head rested on my lap
His body tight and content
Against my cold legs.

More than my cats, dog and rabbit,
Pets of your progeny include a virtual zoo.
Ponies/cats/dogs/pigeon/rabbits/peacocks
Parakeets/horses/chipmunks/squirrels
Fish/white rats/tortoise/alligator
Gerbils/boa constrictor/chickens/mice.

А помнишь ли летние лоточки у дорог?
Мы выбирали громадные яркие гладиолусы
За их цветовую гамму,
Покупали продукты у местных фермеров,
Варили крестьянскую похлёбку
Из фасоли,
Пережаренных помидоров,
Нарезанных персиков,
Кукурузы.

Кукурузные соревнования:
Мы всегда старались, но так и не сумели
Съесть её столько, чтоб из обглоданных черенков,
Сложенных в длину на полу,
Получить свой рост.

Ах, лето, лето...
Кусачие шерстяные купальники, -
При мысли о них до сих пор содрогаюсь.
Мы красили в чайнике папины зимние формы,
Кроили и шили купальники
Из поношенного мужского белья,
Красили его розовой краской,
Думали, милый цвет,
- Боже, какое ж это было разочарование!

Remember summer roadside stands?
We selected three-foot gladiolus
For their color harmony,
Local farm produce
For meatless dinners of
String beans,
Fried tomatoes,
Sliced peaches,
Corn on the cob.

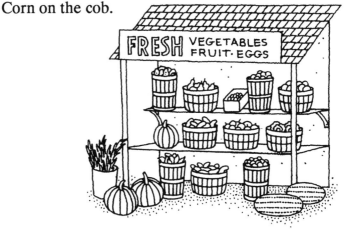

We tried but never ate
Our height in corn, cobs laid
End on end beside us on the floor.

Ah, summertime.
Scratchy, wool bathing suits.
My skin shudders at the thought.
We dyed Daddy's winter union suits
In kettle on kitchen stove,
Designed and sewed stylish swimwear
From men's used underwear.
Rose sounded like a pretty dye.
What a disappointment.

Мама, ты умела находить
Прелестные розовые цветочки
Под ковром из листьев и сосновых иголок.
Они прятались в лесу,
В потаённом месте в конце тропинки.
Их выдавал аромат.

Мы бродили босиком по тёмной воде
В поисках изысканных магнолий,
Их огромные чаши, полные чудного запаха
Сидели на тугих блестящих листьях
Тонкоствольных деревьев, -
Достойных соперников кружевным кедрам.

Долговязые ромашки всё ещё цветут
По краям дороги.
Мы их собирали охапками и корзинами,
Чтоб украсить сцену к празднику
Последнего дня учебного года.

Любовь к полевым цветам
Просочилась в гены
Всех твоих правнуков.

Mother, you knew where to find
Pink trailing arbutus
In the deer woods of Chatsworth
Hidden under pine needles and oak leaves,
Its secret place down a sunshine path
Betrayed
By heavenly perfume.

We waded barefoot in dark water
To pick exquisite
Magnolia blossoms
Cupped full of perfume
From spindly trees with shiny leaves
Competing with lacy cedars.

Long-stemmed daisies still bloom
Along the roadside.
It took armloads
To fill five-foot wicker basket for
Last-day-of-school stage programs.

Wild flower love
Has been spliced into the genes
Of all of your great-grandchildren.

Помнишь волны цветущего лавра
Усыпанные крохотными японскими фонариками
Бело-розовых цветов
На засушливых уникальных равнинах Нью-Джерси?
Kalmia latifolia - этому названию лавра ты
Научила меня в детстве, -
Очень красиво цветёт и здесь, в Сиэтле.

Ты и папа
Помогли Уолту и мне
Самим построить наш первый дом,
Обсадить участок цветущим лавром.

Расцветут ли хрупкие цветы воспоминаний
В Сихерсте
У узкого залива Пьюжет Саунд,
Расцветут ли они в любом другом месте?

Remember laurel undulating over the unique
Dry New Jersey Plains,
Tiny Japanese lanterns all pink and white?
Kalmia latifolia, the name of the laurel
You taught me as a child,
Flowers beautifully in Seattle, too.

You and Daddy
Helped Walt and me
Design and build
Our first dream home,
And landscape
With blossoming
Mountain Laurel.

Will fragile memories bloom
Along Puget Sound,
At Seahurst,
Anywhere?

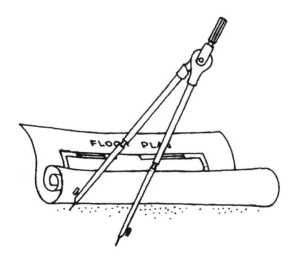

Помнишь мой первый велосипед,
Подержаный, синий,
Непростительная роскошь
Времён Великой Депрессии?

Плетёная корзиночка впереди
Была достаточно велика
Для двух отчаянно сопротивляющихся омаров
По 50 центов за штуку.

Весёлые рыбаки в Барнегате
Опускали старающихся цапнуть меня монстров
С лодки
Прямо в корзинку велосипеда.
Их выпуклые,
подвижные глазки оглядывали свободу,
А я отбивалась палкой,
Съёжившись на сиденье,
Держась подальше от страшных клешней.

Мама, ты отказалась от своей порции масла -
- Подливы к обеду.

Do you recall
My first balloon-tire bike
Secondhand, blue?
Utter Depression-Era extravagance!

Its handlebars sported a woven basket
Big enough to carry
Two wildly grasping
Atlantic lobsters
Costing fifty cents apiece.

Laughing lobstermen at Barnegat
Swung the boom dockside
Lowered pinching, clacking monsters
From fishing boat

To basket of my bike.
Their movable, stalked eyes surveyed freedom
Beyond my defending stick
As I scootched on the seat of my bike
Out of their reach.

Mother, you gave away
The choice, lobster butter.

Помнишь, как мы прыгали в волнах у берега,
Гонялись за крабами в лагуне,
И мечтали в дюнах,

Как мы подныривали и неслись на высокой
Прибойной волне
Лицом вниз,
Ладони вместе и вперёд
Поверх головы и ушей?

А визги восторга
При виде идеальной пары крылатых ракушек,
- Крылья ангела, точнее названия не придумать.

По самой кромке воды
мы бегали наперегонки с куликами,
Ловили рыбку-шар
и наблюдали как она раздувается
От почёсывания её наждачного подбородочка.

Мы вовсю рассматривали
дрейфующие кусочки пемзы,
Пугали в сумерках бледных крабиков
Чистили осьминога для приманки
И, - б-р-р-р-, - разрезали его чернильные мешочки.

Спрятавшись в ветвях восковницы
И прибрежной сливы
Мы, едва шепча, во все глаза следили
Как красноперка кормит своих малышей
И слушали её трели.

Эти любопытные
Глазки, носики, пальчики...
Куда они все подевались?

Remember jumping beach waves,
Chasing crabs in the bay and
Dreams in the dunes,

Body surfing
High tide waves with undertow,
Face down, palms together,
Outstretched arms over our ears?

We shouted at finding a perfect pair
Of Angel Wing shells,
Raced sandpipers at water's edge,
Ballooned blowfish by
Scratching their sandpaper chins,

Puzzled over floating pumice,
Spooked ghost crabs at dusk,
Cleaned squid for fish bait,
Cutting the ink sacs, ugh!

Hidden in bayberry shrubs
And beach plum,
We whisper-watched
Redwings feed their babies,
Trill *o-ka-leeee, o-ka-leeee.*

Those inquisitive
Eyes, ears, fingers, toes,
Where do they go?

Мама, помнишь, как шёлковый ветер
Теребил высокую траву в дюнах,
Разбрасывая розово-голубую пену
Душистого горошка?

А помнишь ли нежное облако
Оранжево-чёрных мигрирующих бабочек,
На пол-пути
Остановившихся передохнуть у берега океана,
И освеживших дюны
Взрывами ярких красок?

«Счастливой посадки»,
Так назывался наш летний коттедж-убежище,
Набитый тетками, дядями, братьями
Бабушками, дедушками, друзьями...
Там я превращалась в Эльнору из Лимберлоста
И, как она, ловила бабочек
Среди пустынных дюн Барнегата.

Сегодня
Коллекция бабочек с восточного побережья -
- Воспоминанья, спрятанные под стекло,
Украшает наш дом.

Mother, remember the silky wind
Ruffling waves of knee-high, dune grass,
Scattering the pink and blue spume
Of hearty sweet peas?

Do you recall the soft mist
Of Monarch butterflies
Paused in migration
Along the ocean shore
Washing the dunes
In orange and black?

"Happy Landings," summer cottage,
Our hermitage,
Overflowed with aunts, uncles, cousins,
Grandparents, friends.
There I became Elnora,
Butterfly chaser,
My private Limberlost,
Barnegat's uninhabited dunes.

Captured East coast butterflies and moths,
Memories framed under glass,
Personalize our West coast home.

Помнишь игру на пианино
И дуэты для папы?
Он очень любил музыку,
Но вечно перевирал мотив.
В честь его любимой песни
Стивена Фостера
«Я мечтаю о Дженни
С янтарными волосами»
Вы назвали меня.

У тебя уже есть правнучка Дженни,
И другая, Кимми Джин.

Папа гордился «своими девочками».
Одна из них, ты, мама,
Решила стать членом Большого Женского хора,
Ты пела прелестным сопрано.
Другая изучала математику в колледже
И пела альтом в церкви.

Remember playing the piano and
Singing duets for Daddy?
He couldn't carry a tune.
I Dream Of Jeanie
With The Light Brown Hair
Was his favorite Stephen Foster.
You named me for that melody.

You have a great-granddaughter
Jeanie and another, Kimmy Jean.

Daddy was proud of "My girls."
Mother, you tried out and joined the
State Women's Chorus. They gained
A lovely soprano voice.
I studied mathematics at college,
Sang alto in the choir.

Папа умер
Перед вашим сорокалетним юбилеем.
Он был мягким человеком,
Но с неутомимой душой
И руками, всегда готовыми помочь
Любимым, церкви, друзьям,
Просто людям.

Нам так его не хватает.

Зимние штормы, бьющие в остров-буфер,
Смыли груды песка
Со скелетов погибших парусников.
Не было пиратских набегов,
Сокровище осталось нетленным.

Едкие, сероватые кусты восковницы
Окружали маяк в Барнегате
Мы часто хотели,
Но так никогда и не сделали
Из них свеч.
А нынче
Я всегда покупаю
И жгу в декабре
Пару воспоминаний -
- Свеч из восковниц.

Daddy passed away
Before your 40th
Wedding Anniversary.
Daddy was a gentle man,
But strong and untiring
Were his helping hands
For family, friends,
Church and community.
We will miss him always.

Shifting sands
From winter storms crashing
Against New Jersey's barrier island
Uncovered skeletons of sailing ships.
There was no pirate plunder
But rich treasure remains.

Pungent, gray-white, waxy bayberries
Surrounded Barnegat Lighthouse.
We never did try
Making bayberry candles
Like we planned
But I purchase
And light
A pair
Of memories
Each December.

Девяносто сияющих свечей, по одной на год,
Грозя растопить торт- мороженое
Постепенно затухали.
А рядом лежал подарок
От твоих пятерых внуков:
Поездка в Фербэнкс, на Аляску.

Мартин и Кен, внуки и гиды
Показали тебе аляскинский газопровод,
Змеёй вьющийся в снеговой пустыне,
А ночью Аврора Бореалис
Увенчала твою северную одиссею
Взрывами мощных красок.
«Теперь я видела всё» заявила ты,
Вернувшись во Флориду
К родным и друзьям.

Традиция семейных торжеств
И дней рождений
Продолжается.

90 blazing birthday candles,
Threatened to melt
Your frozen ice cream cake.
One for each year,
Sputtered and dimmed
Beside gift from five grandsons,
A flight to Fairbanks, Alaska.

Tour guides, Ken and Marty,
Showed you the Alaska Pipeline
Snaking across the snow.
At night an aurora borealis
With luminous streamers of light,
Climaxed your arctic celebration.
"I saw everything," you claimed upon
Return to Florida friends and relatives.

Birthdays and holidays continue
As traditional family celebrations.

Наконец, в 95,
Неохотно, с болью,
Ты перестала водить
И продала машину - символ твоей независимости.
Ангелы-хранители могут вздохнуть с облегчением.

Привыкшая выигрывать, ты, втайне от нас
Бросила любимый бридж.
Ты боялась попасть впросак.
Мама, милая, ты всегда
Защищала своё хобби фразой
«Бридж держит серое вещество в форме».
Гостя у тебя,
Внук Уолли, жаждая реванша,
Обнаружил твой секрет
И грустно сообщил:
«Никаких больше игр,
Ни даже канасты».

Все друзья негодовали,
Но мудрый доктор позволил тебе
Поехать под моим присмотром
В родной город в Нью-Джерси.
Мы рискнули,
Бросили Флориду
Ради последней задушевной встречи
С твоей сестрой Флоренс.

Работники аэропортов,
Толкая кресло-каталку,
Изумлялись: «Девяносто шесть? Не может быть!»
И настаивали:
«Вы выглядите великолепно!»
Через неделю ты вернулась,
Усталая, но счастливая, в мире с собой -
- Твой последний долг был исполнен.

Reluctantly, at 95, you allowed
Your driver's license to lapse. Much later,
Traumatically, you sold your car,
Your independence icon gone.
A perfect driving record enshrined,
Guardian angels now rest.

A consistent winner, you secretly retired
From Bridge, fearful of embarrassment.
Mother, you Sweetie, deflecting questions with
"Bridge keeps your grey cells active."
Grandson Wally, eager for a rematch,
Found you out. He sadly reported
"No more card games, not even Canasta."

Against all friendly, well-meaning advice, only
Wise doctor conceded "Why not!
Visit your New Jersey hometown with Jean!"
We risked, left Florida health care home,
For a final heart to heart with your sister, Florence.

Amazed at your age, "Not 96!"
Wheelchair attendants at airports
Insisted "You look beautiful."
Safely returned, a week later, you glowed,
Tired, but at peace; your love duty done,

Мама,
 Ты всю жизнь,
  И на всю жизнь
   Моя поддержка, мой Варрава,
    Мой самый верный друг.
     Ты говоришь,
      Что ослабела, что устала
       И что уйти готова.

     Двенадцатая правнучка твоя
      Явилась в мир здоровой и большой.
       Её назвали Сарой
        В честь тебя.
         Принцессой.

     Огонь горит,
      Сжигает жизнь твою,
       Сожжёт мою и их.
        - Огонь бессмертия.

Mother, my Barnabas,
My loyal, lifetime supporter,
You say you are weak
And ready to go.

Your twelfth great-grandchild
Born healthy and strong
Is named for you
Sarah (Princess).

Flash fire your life,
My life, their lives,
Flame of immortality.

ПРОНИКНОВЕНИЯ

*Родителям, Сервантесу
И Джозефу Кемпбеллу
Глубокая признательность моя.*

Когда нет выхода,
Когда закроют дверь,
В глухой стене
Откроется другая

Рискни.
Войди в неё.

INSIGHTS
Thanks, Mother and Daddy,
Cervantes and Joseph Campbell

When one door closes
Another opens
Where no door
Was known to be.

Take the risk.
Walk through.

57

ТРИЛОГИЯ О ЖУКАХ-СВЕТЛЯКАХ

I

ДЫРОЧКИ В КРЫШКЕ

Поймать светляков,
Посадить их в банку,
Просверлить дырочки в бумажной крышке,
Чтоб было бы чем дышать,
И ночью, украдкой, под одеялом
Всё смотреть и смотреть
На их гипнотический свет.
Мечтать...
Ловить огонёк грёз,
А утром
Выпустить грёзы на волю.

II

СИМВОЛ ОХРАНЫ ПРИРОДЫ,
НАЗЫВАЕМЫЙ СВЕТЛЯЧОК

Быть может жук-светляк,
По-детски, - светлячок,-
На языке своём высвечивает новость,
И семафорит миру без конца
Предупреждение:
Отравлена
Отравлена
Среда.
Ярчайшие букашечки горят,
Как самолётики в ночи летят,

FIREFLY TRILOGY

I

BREATHING HOLES

Have you captured lightning bugs
In a glass canning jar,
Punched breathing holes
In the paper lid,
Sneaked the treasure
Under the top sheet at bedtime,
Watched their curious flashing light,
Dreamed...
And released those dreams
In the morning
With the lightning bugs?

II

CONSERVATION SYMBOL
CALLED LIGHTNIN' BUGS BY KIDS

Do fireflies, called lightnin' bugs by kids
Flash phosphorescent polar light,
Semaphore synchronized warnings
Throughout our world?
Pollution.
Pollution.
Pollution.

Luminescent insects
With diamond-bright landing lights,

Или как феи в сказочном полёте,
Роняющие в вечер жемчуга...
Букашечки...
Им нужно так немного,
Им нужно очень много.
-Чистой земли
-Чистой воды
-Чистого воздуха.

III

УБЕЖИЩЕ

Детское убежище моё
В ветвях корявой ивы
Всё время возвращается ко мне.
Там я взахлёб читала классиков
Или,
Тайком от мамы,
Детективы.
Там я наблюдала
Полёт звезды, мерцанье светляков.

Сегодняшней толпою горожан
Тягучей, неподвижной, безъязыкой
Затерян ли, забыт ли уголок,
Где сердце отдыхает средь раздумий?

Природы тихий угол, время для себя,
Текущее свободно, без оглядки
-Необходимое лекарство для души.
Там я могу мечтать,
Ловя полёт звезды и светляков
Опять.

И там моя надежда
Вновь смелость обретает,
Любовь и счастье
Усмиряют боль мою.

Childhood fairies in polka-dot flight,
Bejewel warm summer evenings,
Require so little, ask so much.
Clean water,
Clean earth,
Clean air.

III

HIDE AWAY

A childhood hideaway,
Nested in a twisted willow tree,
Haunts my carefree memory.
There I read both classics
And forbidden mysteries,
Watched fireflies flash their fire of stars.

Has a time and place
To read, reflect,
Been overlooked, lost,
By frenzied organizers
Soon hypnotized, immobile?

A place to fish or hike is needed,
A retreat, a quiet corner,
A private time, uncluttered time
To dream and spark the fires of risk,
Hug hope with courage and with love,
Find contentment and healing,
Make wishes on shooting stars,
Watch fireflies.

ВДОЛЬ ОХАНАПИКОША

Опустошённый городом, беги,
Пьяней от воздуха на склонах золотых
Среди прозрачных листьев.

Гора тебя зовёт.
Змеистые тропинки
Проведут
Тебя сквозь путаницу веток, -
- Здесь столько видов клёна ...

Пой с переливами,
Свой голос посылай
Наверх, туда,
Где крыши сосен
Целуют небо.

Танцуй и смейся на лесном полу:
Горят такие краски!
- Осенний лес,
Осенняя финальность.

Швыряй, как мяч, наверх
Обветренные грёзы
И
Отшвырни
Заботы
От себя.

ALONG THE OHANAPECOSH

Giddy in a golden hall
Of topaz leaves,
City-harried escapes

Hike on Mount Rainier
Among shimmering branches
Of big-leaf and vine maples,

Sing and yodel
Against a dark upper story
Of towering evergreen needles,

Laugh and dance
On leaf-lighted floors
In fall's dazzling, final fling,

Kick high, in the air,
Wind-plucked, ankle-deep
Daydreams,

And

Kick away
Cares.

РОЩА ПАТРИАРХОВ

Сидя в рюкзаке
На спине у дедушки,
Дженни ловкой ручонкой
Выхватывает у него пряник,
Хохочет, запихивает его в рот целиком.

Висячий узкий мост
Качается, скрипит.
Три поколения его пересекают
Над пропастью сияющей реки.
Чистейшая вода.
И никакой ледник,
Толкая накипь вниз,
Не может замутнить глубин реки
Или глубин рассудка
Все эти сотни лет.

Упавшие гиганты и обрубки
Обугленные, мёртвые, живые
Всё время повествуют о былом...
О насекомых, пилах, топорах,
О бурях снежных
И горячих ветрах,
О катаклизмах - ужасах природы.

Приют в горах.
Священный дух окутывает нас
В древнейшей роще кафедральных елей,
Старинных кипарисов
Крепких сосен,
Что выткали тот иглистый покров,
Который нас сейчас за пятки держит.

GROVE OF THE PATRIARCHS

Riding high in "Grampa's" backpack,
Jeanie slides an arm
Over his shoulder,
Captures animal cracker
From "Grampa's" breast pocket.
Grins.
Eats it whole.

Suspension foot bridge
Clatters and sways
As three generations cross
Ohanapecosh River's
Glittering snowmelt.
No glacier silt
Clouds river or mind
In ancient mountain retreat.

Fallen giants and
Scarred, leaning, topless snags,
Dead and living,
Tell of bugs, beetles, axes, saws,
Lightning strikes, forest fires,
Heavy snows, Chinook winds,
Eruptions and earthquakes.

Sanctity envelopes us.
Our steps sink
Into the needled carpet
Of a cloud-touching cathedral.

А дерево в четырнадцать обхватов..!

Подумайте,
Ведь эти Патриархи
Америку открыли до Колумба!
И выжили,
И пережили... - Патриархи...
Сей островок - их гавань,
Как и наша.

Цепь не прервётся.
Дженни отнесёт
Своих внучат туда же,
В эту гавань.
Ручонками измерить Патриархов,
И сусликов считать
И узнавать природу
В растениях, оленях, белках, птицах...
А потом
В себя вобрать
Изысканность индейской кисти
И аромат листа ванили.

Fourteen family arms
Barely encircle one tree
In ancient grove of lofty
Fir, hemlock and cedar spires.

Elderly before Columbus
Rediscovered America,
The Patriarchs are survivors.
This island is their haven,
And ours.

Jeanie will carry
Her grandchildren
To Mount Rainier
In new technology, carbon fiber
Or biodegradable device,
For old, unchanging rewards.

They will join hands
And measure
One-thousand-year old Patriarchs,
Count chipmunks,
Steller's jays,
Deer, pine marten, elk,
Admire Indian paint brush,
Smell vanilla leaf.

У ТРЁХ ДЕРЕВЬЕВ

Индейский артефакт,
Орудие индейцев.
Отлив.
Зима, прогулка у залива.
Окаменевший Млечный Путь,
    Природы воплощенье
    - В длину ладони три,
    В обхвате - пол,
    Удобной тяжестью ложится на ладонь.
За сотни лет
Захватаны бока,
Источены края.
-Двустороннее, каменное
Орудие индейцев,
Индейский артефакт.

Изъеденным концом что забивали,
Не палки ли в загончики для рыб?
А вогнутым - вколачивали клинья
    В большие доски длинного вигвама?
Тяжёлой частью видимо дробили
    Сушёного лосося и салаку
    И собранные ягоды самбука
    Для пирогов во время зимних празднеств.
-Двустороннее, каменное
Орудие индейцев,
Индейский артефакт.

Меднокожий мужчина, меднокожая девушка,
Сколько столетий назад
Вы жили?
    Сэммамиш, Дувамиш,
    Где хоронили лицом на запад ...
    Смыта ваша могила
    Следов от неё не осталось -
    Только сотни прохожих
Да
-Двустороннее, каменное
Орудие индейцев
Индейский артефакт.

THREE TREE POINT

Indian artifact
Low tide
Winter beach walk
Stony milky way
    Nature's grey concretion
    Seven inches long, eight around
    Well-weighted, five-finger hold
    Smooth sides, small ends adapted
Double-ended stone hand maul
Indian artifact.

Did pitted end hammer wooden fishweir stakes?
Did concave end pound splitting pegs into
    mammoth cedar logs for longhouse boards?
Did heavy end soften dried salmon,
    smash dried salal and elderberries
    into cakes for winter feasts?
Double-ended stone hand maul
Indian artifact.

Bronze man, bronze maiden, centuries past
    Sammamish, Duwamish,
    Spirited west where burials face?
    Washed out grave
    Forgotten
    Lost where hundreds walk?
Double-ended stone hand maul
Indian artifact.

Крепко-крепко держу
Наследие ваше,
Обхватила холодный камень
Орудие ваше.
Тепло заливает тело.
Бессмертие
Поглощает душу.
    Каменный Млечный Путь
    Зима.
    Прогулка у залива.
    Отлив.
    Индейский артефакт.

Tight hold I,
Your cold stone tool
Your double-ended stone hand maul.
Warmth floods my body
Engulfs my soul.
    Immortality
    Stony milky way
    Winter beach walk
    Low tide
    Indian artifact.

ЦАПЛИ, МУЖЬЯ И ПЛОХИЕ ПРИВЫЧКИ

Большая голубая цапля
Уютно складывает ножки
Под собственным пуховым одеялом,
И прячет голову
Под шапочкой пухового крыла,
Устраиваясь на ночь
В ветвях высокой ели.

Но шум её спугнул.
И, заскрипев, -
- мурашки по спине от звука, -
Царапнула ночное небо криком,
И вот
Уж прочь летит,
Вдали крылами машет.

И сон мой прочь летит
От храпа мужа
Рядом, на кровати.
Он так самозабвенно спит,
Так громко погрузился в свой первобытный сон,

Толкаю в бок: «Молчи!»
- Не действует.
Толчок: «Перевернись!».
Всхлип. Тишина.
Так легко и просто.

Хотелось бы, чтоб гадкие привычки,
Которых, к сожаленью, слишком много, -
- Мороженое, кофе, шоколад,
Все сладости,
Собою недовольство
И лень моя,
Мои несовершенства, -
Махнув крылами
Так бы улетели,
Иль, повернувшись набок,
Замолчали.

HERONS, HUSBANDS AND BAD HABITS

The Great Blue Heron
Folds legs under down-feather quilt,
Tucks head beneath earmuff wing,
Roosts for the night in lofty fir.

Sleep disturbed, heron croaks
Wra-a-a-ck! Wra-a-a-ck!
Blackboard chalk scratching a nighttime sky.
Goose bumps shiver down my limbs.
Wra-a-a-ck! It flaps away.

Another night sound shatters sleep.
My husband, sprawled beside me, snores
K-k-k-k-onk, s-z-z-z! K-k-k-k-onk, s-z-z-z!
Primordial dreams of a gasping whale.
"Roll over!" Sputter. "Roll over!"
Silence. That was easy.

I snuggle under quietude.
Sleep does not reclaim me.
A jumbled tape, my conscience tape,
Nags repeatedly. Coffee, ice cream,
Chocolate cake, commitments unfilled,
Tollhouse cookies, chocolate mints,
And procrastination.

Wish my bad habits
Too much, too many,
Would flap away
Or roll over easy.

ПРИБРЕЖНЫЙ БОЙ

Голенастая перламутровокрылая чайка
Расселась на столбе, подставив тело ветру,
Подвижный флюгерок
Сначала тянет ножки,
Потом одно крыло,
Потом другое,
Выкусывает блох и вытирает клюв, -
Привычный ритуал: волосики и зубки.

Тут, углядев, что завтракаю я,
Заволновалась, и, раскинув крылья,
Спланировала, села на перила,
Как попрошайка возле ресторана.

Атака! Перья дыбом, клюв открыт,
Вся вскинулась и еле увернулась
От штопором летящей вниз вороны.
Ругаясь по-вороньи и крича,
Она наскакивала в лобовой атаке,
Взлетала вверх и снова вниз неслась
На чайку.
Та уворачивалась,
Норовя схватить вороний хвост.
Не вышло.

Без завтрака, позорно проиграв,
Уж чайка прочь летит с оспоренного места,
Ворона ж марширует по веранде
Сердито каркая: «Вот я вам покажу,
Посмейте только подойти к гнезду!»

BLACK BEACH CROW VERSUS
GLAUCOUS-WINGED GULL

The pink-footed, glaucous-winged gull
Faces breeze atop telephone pole.
The lively weather vane
Slowly stretches right leg, left wing.
Grooms feathers, wipes beak,
Morning ritual, combs hair, brushes teeth.

Feather-tuned, four-foot wingspan
Launches beggar at breakfast time,
A perfect glide from pole to his morning
Restaurant perch on rail of deck.

Suddenly, gull cocks beak wide open,
Prepares for incoming attack.
Bold black beach crow
Swoops dangerously close,
Scolding, screeching, tree-top wingover,
Dive bombing, pulling out,
An inch from gull's head, again and again.
Gull ducks each attack,
Lunges at tail of tormentor, too late.

Without breakfast,
Gull departs contested territory.
Bold black beach crow struts length of deck,
Caws at bird and beast,
"Come close to my hidden nest at your peril.
No raiding raccoon, no one,
Again, will eat my eggs."

ЕДИНЫЙ МИР

Гора Святой Елены в саморазрушеньи
Обезобразила свой чистый
Снегом одетый пик.
Всем яростным телом своим
Она ринулась вниз, к озеру Духов,
Этому древнему-древнему озеру...
Гора поглотила его.

Тучи серого пепла опоясали землю.
Пепел выпал в моём саду,
Въелся в листья герани.
Он так никогда и не отмылся.
Война ведёт себя так же.
Раны заживают медленно.

ONE WORLD

Mount Saint Helens
Self-destructed,
Fractured her perfect
Snow clad peak.
The north face slid down,
Engulfed Spirit Lake,
Eons away.

Clouds of gray ash
Girdled the globe
Fell in my garden
On geranium leaves.
The ash never washed off.
War is like that.
Healing is slow.

ВНИМАНИЕ, КАМНИ! НА ФЕРМЕ В ИНДИАНЕ

Зимние морозы, плуг и экскаваторы
Выдавливают, тянут на поверхность
Из глубин земли большие камни
Размером с бейсбольные и футбольные мячи.
При уборке урожая
Они царапают и разъедают внутренности комбайна.

Внимание, камни!
Четвёртое поколение
Гнёт спину, воюет,
Выковыривая, выкапывая, собирая камни,
Прицеливаясь,
И, как мячи, забрасывая их
в вёдра, кадки, корзинки.
Гладкие, обкатанные ледниками камни
Выволакиваются с поля.

Тяжкая работа иногда награждается сюрпризами:
Две маленькие окаменевшие ракушки
Повествуют о когда-то шумевшем здесь море,
Крупная голубая цапля,
Охотящаяся за пескарями в ручейке,
Вдруг взлетает над головой.
Свежие следы копытец ведут к убежищу лани
В середине кукурузных рядов,
А изредка, между ростками сои
Вдруг попадается
Ручной индейский скребок для шкур.

Изредка, потому что малочисленные индейцы,
Обрабатывающие шкуры животных,
Осторожно ступали по той земле,
На которой сегодня
По-детски ярко раскрашенные машины
- Динозавры двадцатого века
Рычат меж рядами пшеницы, сои и кукурузы,
Скусывая им головки, собирая урожай
Для безудержно
Бессмысленно
Размножающегося населения земли.

ROCK PATROL ON INDIANA FARM

Winter freezes, V-plows, ditching machines,
Gouge, claw, heave to the surface
Baseball, football, basketball-size
Rocks that would mangle the guts
Of a thirty-foot wide harvester.

Rock patrol, fourth generation,
Bends, digs, picks up, struggles,
Slow pitches, rifles, slam dunks
Buckets, buckets, 'n buckets
Smooth glacier rocks
To be hauled out of the field.

Surprises rejuvenate the laboring heirs.
Two dime-sized seashell fossils
    give evidence of a once great sea.
A Great Blue Heron, fishing for minnows
    in drainage creek, lifts off over head.
Fresh deer hoofprints lead to a beddown
    concealed in the center of the cornfield.
Rare, an Indian hand-chipped, sharp-edged
    hide scraper lies between soybean plants.

Rare, because Indians, few in number,
Scraping hides of deer and bird,
Could tread gently,
Where present-day dinosaurs,
Kindergarten-colored machines,
Charge and harvest
Corn, wheat, and soybeans,
For quintupled, unchecked, world population.

ЙОКАЛУПС*

Снег стаивает с ледника
И образует озеро.
Опасное,
Готовое взорваться.

Не просто снега и камней обвал.
Йокалупс!
Беги, спасайся, прочь с пути
Молниеносного удара
Льда, воды,
Лавиной рушащегося с горы.
Рычанье скальных масс,
Летящий ураган
Вниз, на дороги, рощи, на мосты.

Всё снесено и нынче не дойти
До дивных мест
Духовной чистоты.
А так нужны
Альпийские луга
И зеркало озер на стыке гор и неба,
Дорога-серпантин,
Где по краям растёт
Анахронизм,
Шагнувший из эпохи динозавров,
И по земле струятся канделябры
Ползучей ели. *Lycopodium clavatum.*

Йокалупс! Йокалупс!
Исчезли все любимые тропинки.
Но не грущу.
Они ещё вернутся.

*Исландский термин

JOKULHLAUPS*

Snow melts atop glacier
Forms a lake.
The lake burst free.
Not just an avalanche of snow and rock.
Jokulhlaups! Watch out!
Run! Get away from stream bed.
A flash flood of water and ice
Roars downstream,
Moving car-sized boulders,
Wiping out bridges, trees and roads.

Now out of reach,
A spiritual picnic of pristine views,
A hiker's paradise, long revered.
Most special to me were
Alpine meadows purple with gentian,
A lakelet reflecting the mountain of ice,

Candelabra, chartreuse, lining the trail,
Lycopodium clavatum,
Running pine, club moss,
A curious remnant, survivor,
Of the dinosaur age.

Jokulhlaups! Jokulhlaups!
Favorite hiking trails are gone
But not forever.

*Icelandic term used in geology.

81

ИВАН-ЧАЙ В ФЕРБЭНКСЕ

Когда кипрей, - или иначе иван-чай
Вовсю цветёт на длинных летних стеблях,
Мы знаем, скоро будет снег
В Фербэнксе.

И птицы и жучки слетались на нектар,
Но лето кончилось
И все цветы увяли.
Лишь зубочистки спор
Выстреливают армию семян,
Одетых в меховые шубки.

Мягчайший зонт
И горсточка семян
Несутся над холмами, над равниной
Как шарики,
Точней, - воздушный шар,
Раскачивающий свою корзину.

Теплолюбивые торопятся на юг.
Природа так велит.
А тучки странников,
Мохнатых пассажиров,
Холодный ветер лихо оседлав,
Летят через поляны и заливы.

Не все из них дойдут.
Уловит паутина,
Повиснут в сетках окон и дверей
На камни попадут и не взойдут.
- Погибнут.

Но всё же много их.
И в тёмных недрах
Мистерия семян,
Их дивный тайный рост
Дадут гарантию
Последующему лету.

FAIRBANKS FIREWEED

Hot-pink fireweed
Blooms to the top
Of its summer-long stalk.
Snow is coming to Fairbanks.

Birds and insects sipped its
Blossom honey. Now seedpods,
Toothpick arms, eject seeded fluff
Over hills and tundra.

Delicate goose down
Carries miniscule seeds,
Countless hot-air balloons
Swinging wicker baskets.

Birds migrate south at their calling.
So, too, clouds of passenger-seeds
Fly on the arctic wind, pioneers
Extending across rivers,
Clearings, burns, bulldozer scars.

Some cotton catches and mats
On spider webs and house screens.
Some is lost in a vast,
Inhospitable reach.

Numbers prevail.
Silent healing begins,
Assuring another
Hot-pink fireweed year.

ЗИМНЕЕ БДЕНИЕ

Включи фонари в саду. Снег идёт! Падает снег!
Лёгкий, густой и пушистый.
Лови языком снежинки.
И,
   на всякий случай,
Убери побыстрее машины с дороги,
Чтоб сани и саночки могли разлететься с горы.

Ярость. Удар. Слепые окна.
Окна без света.
Ни музыки, ни тепла.
Лишь кровь застывает в жилах
От хрипов и стонов ветра,
Бьющего в дом,
Рвущего все черепицы с соседних крыш.
Ветром остриженные ветви трещат, ломаются и
Барабаном стучат о крыши домов и окна.

Ураганные волны несутся, сшибаясь, в узком заливе,
Бешеная пена прилива наводит ужас.
Вьюга воет, кружит, метёт на растения.
Они корчатся и умирают.
Деревья взлетают, падают, сминают дома и машины.

Натянув на себя кучу кусачих шерстяных вещей,
Мы тащим спальные мешки вниз,
В подветренную часть дома
И там, съёжившись от страха,
Дрожим всю ночь.

А между нами, вбившись клинышком,
Растянулась во весь свой тёплый, маленький рост
Наша большеглазая кошечка,
И мурлычет, мурлычет,
Доверившись полностью нам.

WINTER WATCH

Turn on the yard lights.
It's snowing! It's snowing!
Thick. Fluffy. Quiet.
Catch flakes on my tongue.
Hurry. Move cars...just in case
Toboggans and sleds fly tomorrow.

Fury strikes.
Windows fog.
Lights go out.
No music, no heat.
Blood-chilling

Gusts growl, howl, shake the house,
Bite every shingle off neighboring roof.
Wind-pruned limbs crack and crash,
A timpani on roof and glass.

Hurricane surf pounds Puget Sound,
Whitecaps reveal fearful tide.
Snow whirls, twirls; plants cringe and die,
Trees twist, fall, smash homes and cars.

Layered in prickly, itchy woolens,
We drag sleeping bags downstairs
To leeward side of house,
Shiver in bags afraid to sleep.

Wedged between us, stretched out full length,
Saucer-eyed Pussy
Purrs on fast forward,
Trusting.

ЖЕНЩИНА, ТЫ ИЗ СТЕКЛА?
Дон Кихоту, Ансельмо и Лотарио

Прелестная. Хрупкая.
Крепкая. Стойкая.
Хрустальный винный бокал.
Плексиглас ракеты.
Женщина, не из стекла ль ты?
  Холодной луч луны,
  Сжигающее солнце
    Возлюбленная. - Враг.
    Варрава мой и критик.
      Палитра всех талантов,
      Энергия кристалла.

Прелестная. Хрупкая.
Крепкая. Стойкая.
Стеклянный небоскрёб
В форме бокала
Стоек,
Не боится землетрясений.
Пластинами плексигласа
Выложен нос ракеты.
Вход в атмосферу
Раскаляет его добела,
Но
Стекло остывает
И, как прежде,
Живуче.

Прелестная. Хрупкая.
Крепкая. Стойкая.
Женщина,
Ты из стекла.

WOMAN, ARE YOU MADE OF GLASS?
For Don Quixote, Anselmo and Lotario

Beautiful. Fragile.
Sturdy. Strong.
Crystal wine glass.
Space shuttle glass cone.
Woman, are you made of glass?
   Sparkling moonbeams
   Blinding sun
      Impulsive sweetheart
      Frigid fury
         Supportive Barnabas
         Critic and lover
            Rainbow talents
            Crystal energy.

Beautiful. Fragile.
Sturdy. Strong.
Skyscraper, wineglass shaped,
Is earthquake-proof.
Cold glass tiles
Clad space shuttle cone.
Reentry.
Glass glows red hot. Survives.

Beautiful. Fragile.
Sturdy. Strong.
Woman, you are made of glass.

ШОКОЛАДНЫЙ ТОРТ

Сегодня ты собрал нам пикничок,
Упаковал в корзинку разной снеди,
Вина и хлеба
И - себя.
Романтика такая!
Мой милый! Мой герой!
Кольцо с бриллиантом
Ты спрятал в шоколадном торте.

СТЭНЛИ

Плутишка Стэнли
Прыгнул на кровать,
Помахивая вздёрнутым хвостом,
Тихонько пробирается сквозь джунгли
Четырёх сплетённых ног.

Всё тихо.
Страсти улеглись.
Лишь Стэнли заявляет о правах
Мурлыканьем
В ногах кровати.

КОМЕТА ГАЛЛЕЯ

Уж две тысячи лет
Ты дурачишь весь свет,
Твоих троп простакам не счесть.
Но Галлей доказал,
Что твой эллипс - овал
Повторяется
Каждые
Семьдесят шесть.

CHOCOLATE CUPCAKE

You packed a picnic
For the park.
Bread, wine and thou.
Romantic!
My hero! My love!
Inside a chocolate cupcake
You hid
My diamond ring.

STANLEY

Stanley leaps upon the bed,
Slowly waves a question-mark tail,
Picks his way carefully
Across a tangle of four legs.

All is still.
Passion is spent.
Stanley reclaims sleeping space,
Purrs at the foot of the bed.

HALLEY'S COMET

For two thousand years you played tricks,
As star gazers guessed your ellipse,
Sir Halley did prove,
You follow a groove,
That repeats every seventy-six.

ПАМЯТКИ

Наш годовалый внук,
Набивши рот спагетти,
Втирает жирный поцелуй
В стекло окна.
Такие у него забавы.*

Дождь барабанит,
Прыгает лягушкой
По доскам нами брошенной веранды,
Но, защищённый стеклами от ливня,
Смех брызжет и кипит внутри.
Роскошной радуги волшебная палитра
Раскинулась во всю длину залива.

А через три недели
Слёзы, мыло
И сбережённая пелёнка
Отчистили стекло от памяток внучонка,
Взрослеющего нынче
Вдалеке от нас.

---

* A phrase borrowed unconsciously by the translator
from Joseph Brodsky's cycle of Roman verses.

MEMENTOS

Our spaghetti-smacking grandson
Just turned one,
Glued sticky fingers
And slurpy kisses
To rain-splattered windowpanes.

Rain hopped like frogs upon deserted deck,
Laughter rippled, splashed kerplunk.
A magic-marker rainbow
"So-o big"
Stretched across Puget Sound.

Three weeks later,
Tears, window cleaner and
A recycled cloth diaper erased
Mementos left
By grandson growing up
Too many miles away.

А В ДЕТСТВЕ ТЫ ИГРАЛА В КОРОЛЕВУ

На носике твоём маршировали
С кленовой ветки эльфы-семена,
Крылатые солдатики смешные,
Зелёные, как в омуте вода.

Лавандовый сорняк, закрученный в венок,
Обнял нежнейший шелк,
Прильнул к головке
Короной для прелестной королевы.

Все крошечные пальчики твои
Одеты в разноцветные воронки
Высоких колокольчиков,
Точнее,
Наперстянки.

Твой хохоток, как мячики тугие,
Всё прыгал в воздухе,
А звонкий смех
Шалил и кувыркался...
Такое радостью сверкающее детство
Сердца двух бабушек
Переполняло счастьем.

А нынче,
Барышня,
На шпильках-каблуках,
Во взрослом платье,
С взрослыми мечтами
Там, глубоко в душе
Запрячешь уголок,
Раскрашенный любимыми цветами
- Лавандовым,
        Малиновым,
                Зелёным.

WHEN A TODDLER YOU DRESSED AS A FAIRY QUEEN

Perched on your nose
Marched a row
Of winged seeds, elfin green,
Plucked from a big-leaf maple.

Fairy-size lavender weeds,
Roots and all, twisted in a wreath,
Festooned your silky, windblown hair,
A crown for a lovely queen.

Purple trumpets
Called foxglove, fairy bell,
Fitted all ten
Of your toddler fingers.

Your giggles hopped, skipped and jumped,
Your laughter sparkled, danced a jig,
Your happiness filled two grammas' hearts
With love to overflowing.

In heels, cap and gown, today,
Forever deep inside,
You *shall* wear
Elfin green,
    Lavender,
       Purple.

КИТ И ГУСЬ

Кусочек дерева, прибитого волной,
Посеребрённый солью и дождём,
Я прикрепила над дверями
Кабинета.

Направо >>>>> кит плывёт,
Взлетает гусь <<<<< налево.

Напоминанье мне,
Что каждая проблема
Имеет больше одного решенья.

ЛЕДНИКИ И ФИАЛКИ

Снежинка к снежинке, -
Рождается ледник.
Он растёт.
Впитывает.
Выжидает.

В горах дни измеряются в снежинках,
Срок жизни -
- В ледниках,
А вечность -
- В альпийских фениксах -
- Фиалках,
Что каждый год
Головки тянут вверх
У россыпи камней.

WHALE AND GOOSE

A single piece of driftwood,
Silvered by rain and salt,
Is nailed above my studio door.

To the right > > > > > swims a whale.
To the left < < < < < flies a goose.

I am reminded,
Each problem
Has more than one solution.

GLACIERS AND VIOLETS

Snowflake by snowflake
A glacier is born,
Grows,
Grinding, nurturing.

In the mountains
Days are measured in snowflakes,
A lifetime in a glacier, and
Immortality by Alpine violets,
Springing anew
Among stones and boulders.